Geschichten

aus der Reihe
„Perlen unserer Erinnerung"

Durch das Jahr

Carmen Sabernak (Hrsg.)

Bibliografische Information der Deutschen Nationalbibliothek:

Die Deutsche Nationalbibliothek verzeichnet diese Publikation in der Deutschen Nationalbibliografie; detaillierte bibliografische Daten sind im Internet über dnb.d.nb.de abrufbar.

Impressum

2020 © Carmen Sabernak, alle Rechte vorbehalten

Herstellung und Verlag:

BoD - Books on Demand, Norderstedt

Satz und Layout:

Nicole Mewes

Bildnachweise:

© by-studio © sonne fleckl - Fotolia.com

© Werner Erdmann (Malerei)

© Nicole Mewes (S. 14, 28, 44)

ISBN: 9783752672176

Inhalt

Vorwort

Carmen Sabernak hatte die Idee, die Erinnerungen unterschiedlicher Menschen zu sammeln.

Erinnerungen, die wertvoll wie Perlen sind. Sie fragte in der Teltower AWO-Gruppe nach und es fanden sich schnell MitstreiterInnen.

Einmal im Monat trafen sie sich, tauschten Erinnerungen aus, lasen aus ihren Geschichten und verbrachten schöne gemeinsame Stunden. So wurde recht schnell der Entschluss gefasst, diese „Perlen unserer Erinnerungen" in kleinen Büchern aufzubewahren.

Die Geschichten sind so unterschiedlich, wie die Menschen, die sie erlebt haben. Einzelne Geschichten wurden zum Teil schon vor einigen Jahren verfasst. Deshalb finden sich teilweise auch noch Texte in der alten Rechtschreibung. Diese wurden absichtlich nicht angepasst, denn es sind Perlen aus der betreffenden Zeit.

Wir wünschen Ihnen ebenso viel Vergnügen beim Lesen, wie wir Freude hatten, das Buch zu gestalten.

Herzliche Grüße
das AutorInnenteam

Faschingszeit

Trara, Juchhe – ihr lieben Leut' –
es ist wieder Faschings – Zeit!
Da gibt es Kurzweil mancherlei,
Musik und Tanz und Schlemmerei:
Pfannkuchen, Brezel, Bowle und Wein –
auch Sekt oder Bier darf's heute sein!
Konfetti und Luftschlangen erfreuen die Gäste,
Musik spielt auf zum fröhlichen Feste.
Vereint sind alle im bunten Reigen,
können sich im Kostüm mal zeigen!
Wie ihr auch verkleidet seid:
als Clown, als Seemann, als fesche Maid,
als Cowboy, als Mönch oder Nonne gar –
jeder stellt etwas Besonderes dar.
Wenn die Polonaise beginnt,
eilt man auf's Parkett geschwind.
Die schönsten Kostüme – wie jeder weiß –
erhalten einen netten Preis.
Spaß soll haben Frau und Mann,
drum tanzt und singt – wie jeder kann!
Ist das Faschingsfest dann aus,
geht's beschwingt und froh nach Haus'!!!

Hannelore Wolf

Frühlings-Impressionen

Es leuchtet hell die Frühlungssonne,
erlöst mit ihren Strahlen
von des Winters Qualen,
das Herz hüpft in der Brust voll Wonne.

Natur erwacht zum Leben.
Knospen springen um die Wette,
die Weiden-Katz' wiegt sich im Bette,
Spinnen eifrig Netze weben.

Hoch im Geäst ein emsig Bauen,
für Vogelbrut ein Nestchen fein.
Der Kuckuck legt sein Ei hinein –
Er kann dem Vogelpaar vertrauen.

Am Himmel hoch die Lerchen jubilieren,
die Nachtigallen schlagen schon.
Manch Vöglein pfeift mit hellem Ton,
verkünden Lenzens Ankunft bei den Tieren.

Die Signale der Natur –
Empfängt der Mensch mit frohem Herzen,
beginnt zu singen und zu scherzen –
die Blüten-Pracht: Ein Zauber pur.

Hannelore Wolf, März 2020

Frühling

N ach den kalten Wintertagen
können wir den Sonnenschein vertragen.
Schöne Blumen zeigen
sich in einem Blütenreigen.

Viele Menschen, ob groß oder klein,
freu'n sich und wollen fröhlich sein.
Die Bienen fliegen in den Stock hinein
und bringen vielen Nektar herein.

Die Natur hat all' das gemacht
nach einer warmen Frühlingsnacht.

Gela, 22.08.2020

Weiterer Jahresverlauf

Dann kommt der Sommer
mit seiner Pracht,
die Sonne lacht.

Er bringt auch Regen,
den Erntesegen.

Darauf wird es goldener Herbst.
Die Früchte werden süß und reifen.
Wir brauchen nur danach zu greifen.

Nun wird es langsam kühler und nasser.
Die Kälte wird immer krasser.
Bis dann die erste Flocke fällt
und es weiß wird auf der Welt.

Nach drei Monaten etwa dann,
fängt die Natur von vorne an.

Gela, 16.09.2020

Erdbeerzeit

Es ist soweit – 's ist Erdbeer – Zeit,
die reifen Früchte glänzen in der Sonne.
Sie rufen dich: „Komm pflücke mich"! –
der Lohn: ein Früchte-Traum voll Wonne!

Ob frisch verzehrt, auch heiß begehrt –
ein Erdbeer-Sahne-Kuchen.
Als Frucht-Getränk – frisch eingeschenkt –
du solltest es versuchen!

Die zuckersüße Erdbeer-Frucht:
ein Hochgenuß für alle,
ihr herrlicher Aroma-Duft
lockt jeden in die Falle.

Drum nimm voll Freude das Geschenk,
was die Natur dir bietet.
Der Mensch als Wächter stets bereit –
die Früchte wohl behütet!

Hannelore Wolf, Juni 2020

Herbstgedanken ...

Des Herbstes Spuren sich allmählich zeigen,
wenn auch der Sommer noch sein Zepter schwingt.
Des Jahres Lauf im bunten Reigen
die neue Jahreszeit uns bringt.

September – Monat „Neun" im Zeiten – Karussell,
die Tage nicht mehr Sommerlichterhell.
Bunte Drachen hoch ins Himmelszelt sich schwingen,
Kinder fröhlich über Wiesen springen.

Das Herbstlaub tanzt im Wind den schönsten Reigen,
möcht' seine bunten Farben allen zeigen.
Die Früchte an den Bäumen um die Wette reifen,
sie hängen – ach! – so hoch, man möchte gern sie
greifen.

Süße Trauben an Spalieren prangen,
sie schmecken köstlich – färben rot die Wangen.
Für das Getier in Wald und Feld schenkt Früchte
Mutter Erde,
sie fallen von den Bäumen ab und nähren manche
Herde.

Wie prächtig ist des Herbstes Zeit durch Farben,
Blüten, Düfte –
ein Vogel macht die Flügel breit und schwingt sich
in die Lüfte.
Die zarten Spinnen-Netze sind gewoben,
die schlaue Spinne hängt sie sorgsam auf.
Kommt ein Insekt nun geradewegs geflogen –
so nimmt das Schicksal seinen Lauf.

Wir Menschen feiern fröhlich Feste,
verspeisen gern, was die Natur uns schenkt.
Geht sorgsam um mit ihren Gaben,
und dabei an die Zukunft denkt!

Hannelore Wolf, August 2020

Alt - älter - uralt

Alt macht nicht die Zahl der Jahre,
alt machen nicht die grauen Haare,
alt ist, wer den Mut verliert
und sich für nichts mehr interessiert.
Drum nimm alles mit Freud' und Schwung,
dann bleibst du auch im Herzen jung.
Zufriedenheit und Glück auf Erden,
sind das Rezept – uralt zu werden.

Gela, April 2020

Waldeslust

Die Wälder bieten großzügige Lebensräume für viele Tierarten in der freien Natur: vom kleinsten Käfer und den emsigen Ameisen auf dem Waldboden, den bunten Vögeln und den weit springenden Eichhörnchen auf den Bäumen bis hin zum scheuen Reh und den mächtigen Hirschen im Tann! Der Wald hält ein üppiges Füllhorn voller köstlicher nahrhafter und gesunder Früchte bereit. Diese natürliche Nahrungsquelle ist für Jeden, der die Geschenke von Mutter Natur zu schätzen weiß, eine willkommene Gabe.

Als kleines Mädchen wohnte ich mit meiner Mutter und drei Geschwistern in einem Dorf in der Nähe eines Waldes. Unsere Mutter schwärmte mit begeisterten Worten vom „Schlaraffen-Wald" mit seiner wunderbaren Früchtevielfalt, die auf uns wartete. Sie beschrieb uns die süß schmeckenden, rot leuchtenden Himbeeren, die herbe Süße der violetten Brombeeren, die am Boden an Sträuchern versteckten Heidelbeeren.
Aus all diesen Beeren bereiteten die Frauen des Dorfes wohlschmeckende Marmeladen und gesunde Säfte.

Die Holunderbüsche am Waldessaum mit ihren wei-ßen Blütendolden und gereift als schwarzlila Beeren sorgten für Gelee und ein fiebersenkendes Getränk. Im Spätsommer luden Pilze, orangerote Hagebutten und Schlehen zur Ernte ein.
Die Zeit der reifen Früchte – für die Mutter eine Freu-de, für uns Kinder eine notwendige Pflicht.

Sobald das Vorhaben für einen Erntetag im Wald nah-te, stand unser einziges Fahrrad bereit. Am Lenker links und rechts baumelte je ein Emailleeimer. Wir Kinder erhielten ein Töpfchen, das an einem Band um den Bauch geschlungen wurde. So ausgerüstet, zogen wir frohgemut in Richtung Wald.
Das Ziel erschien uns nah, doch lag es eine ziemliche Strecke entfernt vom Dorf. Bei sengender Sonne war der Marsch kein vergnüglicher Ausflug! Als Nesthäk-chen bekam ich einen Sitzplatz auf dem Fahrrad.

Sobald wir in die Kühle des Waldes eintauchten, atmeten wir erleichtert auf. Nun begann ein emsiges Suchen und Pflücken, obwohl die stachligen Ranken der Sträucher unsere Haut an Armen und Beinen zer-kratzten. Wir füllten fleißig die Töpfchen und der In-halt landete im Eimer. Dieser erschien uns wie ein Faß ohne Boden, das ständig auf Nachschub lauerte.

Mit Liedern und munteren Sprüchen spornte die Mutter den nachlassenden Eifer von uns „Beeren-Kindern" immer wieder an. Für mich hatte sie sich etwas Märchenhaftes ausgedacht. „Hörst du nicht das Rufen aus den Büschen: hier bin ich, bitte pflücke mich – ich bin schon reif!" – Das erinnerte mich an das Märchen von Frau Holle! Angespannt lauschte ich, ob das Wispern der Früchte zu vernehmen war – aber vergebens. So erlahmte mein Eifer zusehends, nur kleine Auszeiten auf dem Waldboden konnten mich zum Fortsetzen der Beerensuche bewegen.

Endlich rief die Stimme unserer Mutter zur wohlverdienten Pause für alle. Die von daheim mitgebrachten Stullen schmeckten köstlich, die Getränke reichten kaum, den großen Durst zu stillen. Die halbvollen Eimer mahnten, dass unser Tagewerk noch nicht vollbracht war.

So folgten weitere endlose Stunden der Suche nach den reifen Beeren. Dann endlich der erlösende Ruf: „Die Eimer sind voll!" Glücklich und erschöpft machten wir uns auf den Heimweg. Die Finger klebten vom Saft der Früchte, die Zunge leuchtete rot und blau, gefärbt vom heimlichen Naschen. Die lobenden Worte für unseren Fleiß ließen die Strapazen der vergangenen Stunden ein wenig vergessen. Aber die Aussicht auf frische Marmelade in den nächsten Tagen erfüllte unsere Herzen mit Vorfreude.

Die Suche nach essbaren Früchten aller Art wiederholte sich im Lauf der Jahreszeiten ständig. Nur so konnte unsere Familie den Speiseplan bereichern und den Bedarf an Nahrungsmitteln sichern helfen. Wir waren dankbar und froh, diese kostenfreie Nahrungsquelle nutzen zu können.

Auch in der Gegenwart spielt der Wald eine wichtige Rolle für Mensch und Tier. Es ist es wichtig, ihn für die kommenden Generationen zu erhalten, ihn zu schützen und zu pflegen und als Teil unseres Lebensraumes wahrzunehmen

Hannelore Wolf, 2020

Eiszeit

Hmmh... Eis, hmmh... Softeis. Wann ist es eigentlich wieder soweit?

Januar, Februar, März?

Genau, im März öffnet wieder "mein" kleiner Softeisladen. Eigentlich ist es kein Laden, es ist ein Außerhausverkauf. Im wahrsten Sinne des Wortes.

Etwas entfernt von meinem zu Hause, in einer kleinen Nebenstraße, gibt es ein kleines Weberhäuschen, mit vier bis fünf Fenstern zur Straßenfront.

Das letzte Fenster ist das Wichtigste. Dort gibt es mein Softeis, so wie ich es aus meiner Kindheit kenne.

Wenn ich mit meinem Fahrrad in diese Straße einbiege, sehe ich schon von weitem, wo der kleine „Eisladen" ist. Es stehen Kinder und Erwachsene davor, einige schon mit einem Eis in der Hand, andere stehen noch in der Schlange.

Na, welche Sorte gibt es denn heute? Auf einem Aufsteller steht dann die Tagessorte.

Das Angebot wechselt fast täglich.

Es gibt:
Schoko/Vanille,
Himbeere/Vanille,
Kirsch/Banane,
Sanddorn/Vanille,
grüner Apfel/Vanille,
Zitrone/Vanille,
Birne/Vanille
und viele andere Sorten mehr.

Damit sich mein Besuch vor Ort lohnt, nehme ich zusätzlich zu meinem großen, frischen Softeis, auch noch eingefrorene kleine Portionen mit. Ich habe meistens vorgesorgt und dann eine kleine Kühltasche dabei. Es gibt auch große, Familienabpackungen. Welche Sorten vorrätig sind, steht dann auf dem Übersichtblatt an der Ausgabestelle.

Es ist auch schon einmal vorgekommen, dass keine Person beim „Eisladen" stand.

Dann ist das Fenster zu, aber wie kommt man dann an sein Eis? Es gibt eine Klingel am Fensterrahmen. Einfach klingeln und schon steht die Eisfrau oder der Eismann am Fenster und bedient den wartenden Kunden.

In den Monaten März bis Oktober werde ich also wieder öfter einmal in diese kleine Nebenstraße fahren und Mitte Oktober muss ich meinen Vorrat an Softeis auffüllen.
In den kommenden, kalten Monaten esse ich sowieso kein Eis im Freien und somit freue ich mich dann wieder auf den März.

Ellen Wutschik, September 2020

Der Regenbogen

Du Regenbogen dort am Himmel,
du bunte Brücke für die Wolkenschimmel.
Du zauberhaftes Element –
erscheinst nicht oft am Firmament.
Wenn Regengüsse übers Land gezogen,
sieht man dich – du farbenfroher Himmelsbogen.
Wenn Sonnenstrahlen mit den Regentropfen sich
vereinen,
die märchenhaften Bögen dann erscheinen.
Mal breit, in satten Farben –
wie von Zauberhand gemalt –
mal doppelt oder dreifach gar
am Himmelszelt erstrahlt.
Wer dieses Schauspiel der Natur erleben kann –
ist jedes Mal sehr glücklich dann.
Allmählich schwinden Farben und die Regenbogen-
brücke,
es schieben Wolken sich in die entstandene Lücke.
Das Erlebnis – einfach Freude pur!
Wir danken dir – du Maler der Natur!

Hannelore Wolf, 2020

Von den Tieren

In alten, hohlen Apfelbäumen,
die Siebenschläfer selig träumen.
Die Störche kommen jedes Jahr
und bringen reiche Kinderschar.
Herr Specht, der ist ein Zimmermann,
was nicht jeder leiden kann.
Es liegt Frau Eidechs' auf der Lauer,
bald haben die Insekten Trauer.
Der Fuchs hat eine Gans gestohlen.
Nun kommt er sich noch Hühner holen.
Frau Dachs, die fegt die Höhle aus.
Da staunt Herr Uhu und die Maus.
Der Wolf war in Polen mal zu Haus,
nun wandert er über die Oder aus.
Den Winter mag der Herr Biber,
doch off'nes Wasser wär' ihm lieber.

Gela, Juni 2020

Erinnerungen

Hallo – vielleicht geht es Ihnen auch so. Mitte der achtziger Lebensjahre, bin ich in einer Zeit des größten Mangels groß geworden.

Der zweite Weltkrieg war zu Ende gegangen und wir haben Not und Elend kennengelernt.

Es ging ja danach wieder aufwärts. Für uns in der DDR war der Wohlstand aber noch lange nicht erreicht. Nun ja – wir haben das Beste daraus gemacht und können auf ein interessantes Leben zurückblicken.

Jetzt ist nun die Zeit gekommen, in der man weiß, dass das Leben nicht endlos ist. So beginne ich aufzuräumen. Damit meine Kinder nachher nicht zu viel Arbeit mit dem Nachlass haben, werde ich selber eine Menge wegwerfen.

Meine Güte hat sich da eine Menge angesammelt. Da taucht so manche Frage auf. Was ist in diesem Karton wohl drin? Er sieht sehr alt aus und der Inhalt ist es auch. Fotos aus den Jahren 1950 bis so 1985.

Sogar Kinderbilder aus den letzten Kriegsjahren. Mein erster Schultag. Die Kleider, die meine Mutter selbst genäht hat, sahen eigentlich niedlich aus.

Doch was ist das für ein dicker Briefumschlag? Es waren Bilder von 1978 und zeigten meinen Mann und unseren Hund. Mein Gott – war das damals eine interessante Zeit. Es ist wohl das Beste, ich fange die Geschichte von vorne an.

Mein Mann und ich waren im Hundesport. In der DDR "Sektion Dienst- und Gebrauchshunde" genannt. Wir hatten zwei Riesenschnauzer. Einen Rüden, der keine unbedingte Hundeschönheit war und eine Hündin die einfach hübsch und lieb war. Ein Sportfreund von uns arbeitete bei der DEFA. Eines Tages fragte er in unserer Gruppe an, ob wir einen Hund für den Dreh eines Filmes der DEFA, der für das Fernsehen gedreht wird, hätten.
Wir hatten in unserer Gruppe mehrere Riesenschnauzer. Die Vorstellungen über das Aussehen könnte einer davon erfüllen. Es müsste aber auch möglich sein die Drehtage mit der eigenen Arbeit abzustimmen. Ein Sportfreund hatte – wie wir – eine Hündin und einen Rüden. Da das finanziell auch nicht uninteressant gewesen ist, war er und auch wir bereit mitzumachen.
Dann kam der Tag an dem wir unsere Hunde auf dem Studiogelände der DEFA in Babelsberg vorstellen mussten. Unser Sportfreund war mit seinen bei-

den Tieren da. Wir hatten nur die Hündin mit, denn wir schätzten ein, dass unser Rüde die Bedingungen sowieso nicht erfüllte. Er war nie bereit, sich fremden Personen unterzuordnen. Daher in fremder Hand zu gefährlich. In einer großen Halle warteten wir nun auf die Dinge die da kommen sollten.

Der Regisseur kam, sah unsere Hündin an. Sie können gleich wieder gehen, die ist sowieso zu klein. Der Rüde unseres Sportfreundes gefiel ihm sehr gut. „Den nehmen wir". Dann kam die Schauspielerin, die mit dem Hund gehen sollte, um Kontakt mit dem Hund aufzunehmen.

Wir waren inzwischen fast am Ausgang angelangt, als uns jemand nachgelaufen kam. „Kommen Sie bitte wieder zurück, der Regisseur will die Hündin nochmal sehen". Na gut – wenn er meint! Der ausgewählte Rüde hatte nämlich, als die Schauspielerin auf ihn zuging, aggressiv reagiert. Die Hündin hatte mitgemacht und unser Sportfreund hatte Mühe die beiden kräftigen Tiere zur Ruhe zu bringen.

Die Schauspielerin lehnte daraufhin, verständlicher Weise, die Arbeit mit diesem Hund ab. So kam unsere Hündin doch wieder ins Spiel. Es war, als wüsste unsere "Baro" worauf es ankommt. Eigentlich hieß sie "Bessie von der Meierhöfe" sollte Baroness heißen, den Namen hatte aber die Zuchtbuchstelle abgelehnt, weil es ein Adelstitel war. Für uns blieb sie aber "Baro".

Sie zeigte sich von ihrer besten Seite. Ging brav mit ihrem Filmfrauchen mit, setzte sich auf Kommando hin und ließ sich auch streicheln. Da blieb dem Regisseur nichts anderes übrig, als uns zu engagieren. Ich sagte ihnen, Baro gäbe es nur mit meinem Mann oder mir gemeinsam als Pfleger. Nach dem Auftritt unseres Sportfreundes mit seinen Hunden war das nur folgerichtig. Ein Riesenschnauzer ist nun mal kein harmloses Kuscheltier, sondern ist ein Schutzhund, der auch oft seinen Dienst als Polizeihund verrichtet.

Nun konnte es also losgehen. Der erste Drehort war der Forst in der Nähe von Tremsdorf. Es gab dort eine Senke, in der ein kleines Haus stand. Davor ein großer Stapel Brennholz. Für Baro gab es nun folgende Aufgabe nach Drehbuch: Zwei Schauspieler, von zwei Kaskadeuren vertreten, kämpften um den Zugang zum Haus. Der Hund griff den Eindringling an und beide Kämpfer mussten in den Holzstapel stürzen, worauf dieser auseinanderfiel. Nach dreimaligem Dreh war der Regisseur zufrieden.

Leider musste alles wiederholt werden, denn der Film war leider an der entscheidenden Stelle gerissen. Erst einmal war jedoch Pause. Der Holzstapel musste wieder hergestellt werden. Hund hatte auch keine Lust mehr. Regisseur tobte, da die Leute der Meinung waren, dass das Herrichten des Drehortes wenigsten mehrere Stunden dauern würde.

Nach seiner "Ansprache" ging es auch wesentlich schneller. Allerdings hatte sich nun das Wetter etwas verändert. Es schien die Sonne nun im anderen Winkel. Es musste also erst einmal der Lichteinfall abgedunkelt werden. Das geschah mit einer großen Stoffbahn. Die musste aber erst einmal aufgestellt werden. Der Tag reichte dann gerade noch für diese Szene.

Für uns war der erste Tag sehr interessant. Wie viel Mühe und Arbeit der Dreh eines Filmes erfordert. Vor allem aber das Verhältnis der Akteure untereinander, die Zusammenarbeit in diesem Genré war uns ja gänzlich neu. Na mal sehen, wie es morgen weitergeht.

Am nächsten Morgen war das Wetter wieder super. Der Drehort – gleiche Stelle wie am Vortag.

Oberhalb der Senke war ein Container aufgestellt. Verpflegungsreserve und alles, was noch so notwendig ist. Alle Akteure trafen sich dort. Nur einer fehlte. Ausgerechnet der Hauptdarsteller. Na endlich kam ein flottes Auto und eine freudige Begrüßung zeigte, dass man nun beginnen könnte.

Doch so einfach ging es dann doch nicht. Alle tranken noch gemütlich Kaffee und kaum einer bewegte sich zum Drehort. Der Regisseur wurde langsam ungehalten. Der Hauptdarsteller lachte und tröstete ihn. Ist doch ganz einfach alle zum Drehort zu kriegen. Du lässt den Container unten aufstellen. Da sind dann alle ganz schnell unten. Dem Regisseur war wohl zum Platzen zumute, konnte sich das aber bei dem Darsteller nicht leisten, machte gute Miene zu bösen Spiel und lachte mit. Der Hauptdarsteller sorgte bei der Dreharbeit noch für einige Spaßeinlagen. War insgesamt gesehen ein schöner und vor allem ein interessanter Tag.

Der nächste Drehort war dann etwas weiter weg gelegen.

Joachimsthal. Da fing für uns die Arbeit so richtig an. Es gab dort so etwas wie ein Hochmoor. Dazu war es noch regnerisch und kalt. Also insgesamt nicht unbedingt erholsam. Am wenigsten für unsere Baro. Wenn sie durch das Gelände laufen musste, war sie mitunter bis zum Bauch im Wasser. Erholung für sie gab es dann, wenn sie abgetrocknet im Kofferraum unseres Trabi ruhen konnte. Damit keiner denkt, dass sie mit dem Aufenthalt im Kofferraum, der ja nicht besonders groß ist, misshandelt wurde, müssen wir erläutern. Die Rückbank des Trabi war so verstellt, dass der Kofferraum dadurch nach oben etwas offen war. Baro fand diesen Ort gut und wollte auch immer, wenn ein Trabi mit offener Kofferklappe stand, einsteigen. Bei Bekannten wäre sie einmal beinahe unbemerkt mitgefahren. Die hätten bestimmt zu Hause nicht schlecht gestaunt was sie da geladen hatten. So war der Kofferraum auch jetzt ihr geliebtes zu Hause. Zumal sie ihn mit ihrer Körperwärme aufheizen konnte. Am Drehort hatte sie auch einen Freund gefunden. Einer der Schauspieler nahm sie immer bis zu ihrem Einsatz auf den Arm, sodass sie nicht in dem Morast stehen musste. Ihre Aufgabe war es, den verletzten zweiten Hauptdarsteller, der am Boden lag, zu finden. Nun kam dieser und sollte sich hinlegen. Der Regisseur hatte es nicht leicht ihn davon zu überzeugen sich auf den nassen Boden zu legen. Als er dann sich noch vom Hund beschnüffeln lassen sollte, war es vorbei. Sein Kommentar, wenn er schon in dieser Pampe liegen müsse, lasse er sich nicht auch noch von dem Köter beschnüffeln und vielleicht ablecken. Da hatte dann der Regisseur eine blendende Idee. Mein Mann stand mit Hund ja auch in der Diskussionsgruppe und wurde nun, da er von hinten die gleiche Kopfform hatte, zum Double des

Hauptdarstellers. War nicht gerade angenehm aber doch recht lukrativ. Zusätzlich zum Betreuerhonorar gab es Gage für einen Tag, zuzüglich fünfundsiebzig Mark fürs Haareschneiden. Letzteres wollte er ja sowieso in den nächsten Tagen machen lassen. Mit dieser Lösung waren alle glücklich, denn Baro war begeistert ihr Herrchen zu finden, der Hauptdarsteller, dass er sich nicht in den Morast legen musste, und der Regisseur dass die Szene damit recht schnell abgedreht war. Es war wirklich eine interessante Zeit. Man konnte Menschen kennenlernen, die man sonst kaum getroffen hätte. So hatten wir in Tremsdorf einen bekannten Darsteller kennen gelernt, der nicht nur als Topdarsteller, auch als guter Kumpel von allen geachtet wurde. In Joachimsthal lernten wir das Gegenteil kennen. Der Hauptdarsteller war fachlich bestimmt große Klasse, als Mensch aber an Arroganz nicht zu übertreffen. So standen wir zum Mittag vor der Essensausgabe in einer Kantine. Alle ganz brav in einer Schlange. Da kam unser Superstar. Ging an allen Wartenden vorbei, die Bemerkung, dass das Ende hinten ist, wurde mit der Bemerkung, dass er das Recht hätte vorzugehen, abgetan. Aber so ist es nun mal: Es gibt eben immer Sone und Solche.

Mit dem Ende der Aufnahmen in Joachimsthal, war auch der Einsatz unserer Baro zu Ende. Es war nicht immer leicht für uns die Zeit abzudecken. Der Urlaub reichte gerade so aus. Da es aber interessanter war als jeder Urlaub, war es uns recht. Wir haben in dieser Zeit Einblick in die Arbeit des Filmgeschehens bekommen. Vor allen haben wir Menschen kennengelernt, mit denen wir sonst nie zusammengekommen wären.

Unsere Baro war dabei so beliebt geworden, dass sie später noch für einen Kinderfilm gebucht wurde. Da bekam sie aber dann eine eigene Betreuerin.

Eva-Maria Kluck

Die Natur

D ie Natur hat den Menschen geschaffen,
neben den Käfern, Löwen, Affen.
Sie gab uns Atem, Kraft zum Leben.
Sie hat uns diese Erde gegeben.

Sie will, daß wir auf die Natur hören
und die Erde nicht zerstören.
Wir Menschen müssen endlich handeln
und die Erde zum Guten verwandeln.

Mahnt sie uns heute, wie noch nie,
durch die Corona-Pandemie?

Gela, 26.03.2020

Des Radlers Freuden

Ein Drahtesel glänzt frisch geputzt in der Sonne,
eine Rad-Tour ins Grüne - welch eine Wonne!
Wie ein Reiter über Stock und Stein -
mit dem Wind um die Wette in die Weite hinein.

Grüne Wälder und Blütenduft,
Vogelsang und laue Luft,
frei wie ein Adler am Himmelszelt,
glücklicher Radler - wie schön ist die Welt!
Ein Lied auf den Lippen - so fährt es sich leicht,
die Energie eine Weile noch reicht.

Die Waden schmerzen und zeigen an:
Eine Rast ist nötig zum Weiterfahr'n.
Ein Gasthaus am Wege, ein kühler Trunk -
erfrischt die Kehle und gibt neuen Schwung.

Auf den Sattel sich schwingen fällt ihm wieder leicht,
bald hat der Radler sein Ziel erreicht!
Ermattet, doch fröhlich stellt er den Drahtesel fort:
hier bin ich nun am rechten Ort!

Hannelore Wolf

Die Woche einer Hausfrau

Es war Sonntag und ich konnte ruh'n.
Heute, am Montag, muß ich viel tun.
Ich muß waschen, nähen und kochen.
Am Dienstag hab' ich mich gestochen.
Und Mittwoch ging das Jagen weiter.
Am Donnerstag war's auch nicht heiter.
Am Freitag mußte ich einkaufen geh'n.
Ich konnte nicht in die „Ferne" seh'n.
Am Sonnabend, mein „Lieber Mann",
fing alles wieder von vorne an!

Gela, 26.03.2020

Das Alter

Unvernunft zeigt man oft im Alter.
Man zeigt auch sein inneres Kind.
Man ist aber auch ein Gestalter
und macht um Kleinigkeiten viel Wind.

Ich habe ein Ziel vor den Augen:
In 5 Jahren ist das Leben vorbei.
Dann können mich alle mal gern haben.
Dann bin ich frank und frei.

Gela

5 Minuten vor 12

Menschen sind die einzigen Lebewesen,
die ihre Umwelt zerstören.

Wir wollen nicht auf die Zeichen hören,
die uns die Natur sendet,
bis es in einer Katastrophe endet.

Wir müssen weiterdenken
und der Zukunft
mehr Beachtung schenken.

Gela, Januar 2020

Kurhaus „Klima" 2020

Sehnsucht nach "Klima" – lang mussten wir warten!
Virus schloss Grenzen, konnten nicht starten!

Die Nachricht dann endlich: Ihr Kurgäst' herbei!
Wir warten auf euch – eure Zimmer sind frei.

Es war keine Frage: Wir fahren zur Kur!
Es war wie ein Wunder: Erholung pur!

Die Neugestaltung – ob Außen, ob Innen –
wird weiterhin viele Gäste gewinnen.

Dem ganzen Team ein DANKESCHÖN:
Bis nächstes Jahr: AUF WIEDERSEHN!

Hannelore Wolf

Sommerende

Der Sommer neigt sich leise dem Ende.
Was bringt uns denn jetzt diese Wende?
Naturbelassen ist der Wald,
die Blätter fallen jedoch bald.

Das Gras, es wiegt sich in der Briese,
ein kleiner Bach rinnt durch die Wiese.
Bienen, Würmer, Heuschrecken und mehr,
genießen diese Idylle natürlich sehr.

Zwei dicke Wolken stehen starr,
so war es auch im letzten Jahr.
Der Wind kam plötzlich mit Gewalt,
und Regen war in Sicht schon bald.

Es ist vorbei die stürmische Zeit,
kein Getier ist weit und breit.
Man hört noch leise ein Gedonner,
nun ist er doch vorbei, der Sommer.

Ellen Wutschik, Juli 2020

Kleine Freiheit

E ine Fülle von Gefühlen,
die uns im Innern bedrückt,
und so viele Eindrücke von außen,
die niemand gerade rückt.

Was machen wir mit viel Zeit,
und wenig Orten,
sind wir für Solidarität bereit,
oder beginnen wir zu horten.

Kommt nach der Entschleunigung,
wieder ein Tritt auf das Gas?
Oder erkennt man den Sinn,
den man irgendwann vergaß?

Dass die Welt so viel mehr ist,
als viele Möglichkeiten,
dass sich die Natur nicht daran misst,
ob Systeme scheitern.

Die Füße im Gras,
die Wärme der Sonne,
wurde uns etwas genommen,
oder werden wir geerdet, besonnen?

Manch einer geht die Himmelsleiter,
doch die Welt dreht sich weiter,
nichts stoppt das Zwitschern und Summen,
mag sonst etwas kommen.

Die Ungewissheit, der Druck,
machen uns blind für das Glück,
komm geben wir uns den Ruck,
laufen wir ein Stück.

In den Gassen der Nachbarschaft,
wird gefeiert, gelacht,
so manch frohe Tage oder Nacht,
im kleinen Kreise der Familie verbracht.

Die Uhrzeiger – drehen sich wie gewohnt,
vom größten Unheil bleiben wir verschont:
Was nützt die große weite Welt,
wenn die kleine Freiheit zur Freude
im Haus zerfällt.

Jessica, 2020 für Margrit Prauß

Herbst, Wein und Beeren-Walnussbrot

Es ist schon ein paar Jährchen her, dass unser „Küken" zum 6. Mal nullte. Wir, ein Kreis befreundeter Paare feiern schon sehr lange besondere Ereignisse, auch runde Geburtstage, gemeinsam.

Die Traditionen bei solchen Anlässen sollten diesmal ein wenig verändert werden. So wurde beschlossen ein Weinfest mit Überraschung zu organisieren. Also Gabi und ihr Mann erhielten die Einladung in den Garten einer unserer Freunde zu kommen. Jeder von uns sollte etwas „Neues", kulinarisches dafür mitbringen. Etwas, was noch niemand kannte. Ich suchte in meiner Sammlung unprobierter Rezepte und entschied mich für ein Beeren-Walnussbrot. Das würde doch gut zum Weinfest und einem trockenen Rotwein passen. Alle hatten neue Köstlichkeiten, fest oder flüssig, dabei. Mein Brot war gut gelungen. Vorsichtshalber hatte ich es schon mal „Probe" gebacken. Es war saftig und frisch durch die Beeren und die Walnüsse machten es nussig - knackig. Im Kühlschrank gelagert war es auch nach Tagen noch sehr lecker.

Der Kalender zeigte Herbst an, die Zeit des Reifens und der Ernte. Auch Petrus war uns mild gesonnen, so dass wir einen schönen Abend im September genießen konnten.

Unser „Jubelküken" strahlte, hatte Freude und Genuss ganz ohne eigenes Zutun. Eigentlich sollten doch viel öfter die Geburtstagskinder eingeladen werden, anstatt die Gäste zu bewirten.
Naja, andererseits macht man es auch gern für die Menschen, die einem wichtig sind. Eine Alternative zu feiern ist es aber auf jeden Fall.

Für Sie, verehrte Leserinnen und Leser unserer kleinen Buchreihe hier nun das Rezept vom Beeren-Walnussbrot zum „Nachbacken", wenn Sie mögen.

Gutes Gelingen wünscht Ihnen Margrit.

Margrit Prauß,

Beeren-Walnussbrot

Zutaten für 16 Stücke:

- 250 g Zucker
- 250 ml Bio-Milch
- 125 ml Bio-Öl
- 2 TL Vanilleextrakt
- 200 g Zitronenjoghurt
- 1 Ei
- Fein geriebene Schale von 1 Bio-Zitrone
- 300 g Mehl
- 2 1/2 TL Backpulver
- 1/2 TL Natron
- 130 g gehackte kalifornische Walnüsse
- 200 g frische Beeren, z. B. Brombeeren (alternativ 100 g aufgetaute Tiefkühlbeeren)

Zubereitung:

Backofen auf 175 Grad (Gas: Stufe 1 bis 2, Umluft: 150 Grad) vorheizen und eine Kastenform einfetten. Milch, Zucker, Öl, Vanilleextrakt, Joghurt, Zitronenschale und das Ei miteinander in einer großen Schüssel verrühren. Mehl, Backpulver, Natron und 3/4 der Walnüsse miteinander mischen und nach und nach unter Rühren zu den anderen Zutaten geben. Beeren vorsichtig unterheben. Teig in die vorbereitete Form geben und mit den restlichen Walnüssen bestreuen. Brot im vorgeheizten Backofen 70 bis 80 Minuten backen. Wenn das Brot während des Backens zu dunkel wird, einfach mit Alufolie abdecken.

Pro Stück: 280 kcal ● Fett: 15 g
Eiweiß: 5 g ● Kohlenhydrate: 32 g

Mein Wunsch

Man sollte die Angst, den Ärger oder die Depressionen vor der Corona-Pandemie überwinden und erkennen, wovor sie uns warnen will.

Ich hoffe, daß die Krise sich zum Positiven wandelt und die Menschen nachdenklicher werden, achtsamer miteinander umgehen und mehr Verantwortung für die Menschen auf der ganzen Welt übernehmen.

Alle Menschen sind gleichwertig. Sie verstehen aber nicht, warum Gott Katastrophen, Kriege und Verbrechen auch den Menschen schickt, die nichts Böses getan haben.

Gela, 16.09.2020

Die Autoren:

GELA (Jahrgang 1943)
Hobbies: Theatergruppe, Wandern

Eva-Maria Kluck (Jahrgang 1935)
Geboren in Berlin, von 1936 bis 1997 in Kleinmachnow gelebt, danach in Stahnsdorf.

Berufe: Maßschneiderin und Wirtschaftskauffrau Sie war als Angestellte im Rat der Gemeinde Kleinmachnow, in der Landwirtschaftsbank in Potsdam und von 1975 bis 2000 im Gesundheitswesen (Geschäftsleitung, ab 1997 Leiterin des Seniorenbüros AVUS) in Teltow tätig.

Hobbys: Aus dem Leben schreiben: Anekdoten, bissige Leserbriefe, Glossen und Familiengeschichte, ehrenamtliche Tätigkeit in Selbsthilfegruppen.

Margrit Prauß (1947)
ist in Sachsen geboren und aufgewachsen.

Beruf: Krankenschwester, Ausbildung med. Fachschule Hubertusburg Wermsdorf.

Seit 1969 wohnt sie in Teltow, hat 2 Töchter und 4 zauberhafte Enkelkinder. Sie liebte immer schon „Deutsch" in der Schule, schrieb gerne Aufsätze, später Briefe. Gedanken, Erinnerungen und Erfahrungen aus ihrem Leben zu formulieren macht ihr viel Freude und sie gibt diese gern weiter.

Hannelore Wolf (Jahrgang 1944)
geboren in Westpreußen, nach der Flucht aus Danzig in Mecklenburg aufgewachsen, Ausbildung zur Kindergärtnerin im Schweriner Schloß. Umzug 1963 nach Leipzig, Heirat und Umzug 1967 nach Teltow.

Tätig als Kindergärtnerin, Wechsel in die GRW-Bibliothek, nach der Wende als Sachbearbeiterin im Sozialamt Teltow, seit 2009 Rentnerin.
Sie ist verheiratet, hat 3 Kinder und 4 Enkelkinder.

Hobbys: Singen im Chor, Mitglied einer Sportgruppe, Reisen und Tanzen, Verfassen von Versen zu bestimmten Anlässen sowie spontanes Schreiben kleiner Gedichte!

Werner Erdmann (Jahrgang 1942)
Geboren im heutigen Polen, aufgewachsen in Mecklenburg.

Dort in der Landwirtschaft gearbeitet, dann nach NVA-Dienstzeit der Umzug nach Teltow. In Teltow hat er seit 1965 als Einrichter im VEB Elektronische Bauelemente gearbeitet. 1988 ein zeitweiliger Aufenthalt auf Kuba, um dort den Aufbau einer automatischen Straße für Schichtwiderstände zu unterstützen. Seit 1990 bis zum Rentenbeginn tätig bei Siemens Berlin. Er ist seit 1966 verheiratet mit seiner Frau Ilse, gemeinsam haben sie einen Sohn.

Hobbys: Besonderes Interesse gilt dem Garten in Teltow, der schon seit über 50 Jahren gemeinsam bewirtschaftet wird. Eigenes Obst und Gemüse schmeckt noch immer am besten.
Weiterhin liebt er Bastel- und Reparaturarbeiten. Zu Weihnachten und Ostern zaubert er wunderschöne Deko-Elemente für die Familie und zum Verschenken. Seit 2010 hat er die Malerei für sich entdeckt, so entstanden viele Bilder in Öl-, Acryl- und Aquarelltechnik. Die eigenen Werke waren schon in kleinen Ausstellungen zu sehen. In diesem Buch ist eine Auswahl enthalten.

Ellen Wutschik (Jahrgang 1964)
Geboren in Potsdam-Babelsberg

Carmen Sabernak (Jahrgang 1958)
Schreibt am liebsten mit Blick auf das Meer oder auf ihrer Rosenbank im Familiengarten.

Bisher erschienen

Aus der Reihe „Perlen unserer Erinnerung" sind bereits (im BoD Verlag zum Preis von 5,00 Euro) erschienen:

„Hannas Weihnachtsengel" erschienen 2013
ISBN: 9783732280414

„Begegnungen im Leben" erschienen 2013
ISBN: 9783732280889

„Verlust und Wiederfinden" erschienen 2015
ISBN: 9783734745812

„Elli" erschienen 2015
ISBN: 9783734769276

„Mein Berlin - Mitten mang und Dichte bei" erschienen 2015
ISBN: 9783738613599

„Am Wege blüht Vergissmeinnicht" erschienen 2015
ISBN: 9783738629262

„Singen und Wandern - das ist unser Leben" erschienen 2015
ISBN: 9783738659931

„Jahreswende - von Anfang bis Ende" erschienen 2016
ISBN: 9783741276798

„Sehnsucht, Glück und Bäume" erschienen 2017
ISBN: 9783848257195

„Täuscht der schöne Schein?" erschienen 2018
ISBN: 9783748111948

„Winterperlen" erschienen 2018
ISBN: 9783748101093

„Sommer-Zeit-Reise"
erschienen 2019 im BoD Verlag

ISBN: 9783748146964
Preis: 5,00 Euro

„Geflüster bei Kerzenshein"
erschienen 2019 im BoD Verlag

ISBN: 9783750401877
Preis: 3,99 Euro

„Meine Heimat Kleinmachnow"
erschienen 2020 im BoD Verlag

ISBN: 9783751930772
Preis: 6,80 Euro

„Meine - Deine - unsere Schulzeit"
erschienen 2020 im BoD Verlag

ISBN: 9783751950497
Preis: 5,00 Euro